NUEVAS PALABRAS, NUEVOS AMIGOS

Karen Nemeth y Diego Jiménez Manzano

¡Estrategias basadas en la evidencia que ayudan a los niños con idiomas distintos a aprender a jugar juntos!

KN

Agradecimiento especial para Leah J. Mullen por su edición constructiva y sus consultas en diseño.
Gracias a Matthew Mullen por su asistencia editorial.
Gracias a Gerardo Lázaro por la traducción al Español.

DJM

Gracias a mi familia.
Quiero dedicar este libro a mi padre, Antonio.

Language Castle Press
PO Box 883
Newtown, PA 18940
LanguageCastlePress@gmail.com

Copyright 2014 de Karen Nemeth

Todos los derechos reservados. Ninguna parte de este libro se puede reproducir en cualquier forma sin el permiso escrito del editor, con la excepción de breves citas incorporadas a artículos o a revisiones críticas.

ISBN: 978-0-9899899-1-6

NUEVAS PALABRAS, NUEVOS AMIGOS

Karen Nemeth y Diego Jiménez Manzano

"¡Mi nombre es Teo!",
"¡Mi nombre es Wyatt!"
"Yo tengo una cometa,
¿quieres ayudar a volarla?"

Desde ese día, Teo y Wyatt se hicieron amigos. Ellos se juntaron para compartir y disfrutar los juegos.

En el primer día de escuela,
los niños empezaron un juego,
"¡Lancemos la pelota
a quien llamemos por su nombre luego!"

Wyatt dijo: "¡Teo!"
y fuerte la pelota lanzó,
Por encima de la cabeza de Teo pasó
y al patio salió.

La Niña Nueva tomó la pelota y alejándose la comenzó a rebotar "¡Oye Tú!", gritaron los niños. "¡Necesitamos la pelota para jugar!"

"¿Por qué ella no compartirá?", preguntaron los niños a la maestra Eda.

¡Quizá esté haciendo lo mejor que ella pueda!

"Nuestra nueva amiga habla un idioma que nosotros no conocemos."

"Así que si a ella le pides que comparta, probablemente no lo logremos."

"Cuando una amiga habla un idioma que para tí es diferente,

hay tres cosas que puedes hacer fácilmente."

1 es :
hablar lentamente, palabras limpias y claras.

Que tu nueva amiga está aprendiendo el *significado* de nuestras nuevas palabras.

2: Muéstrale a tu nueva amiga lo que debe hacer.

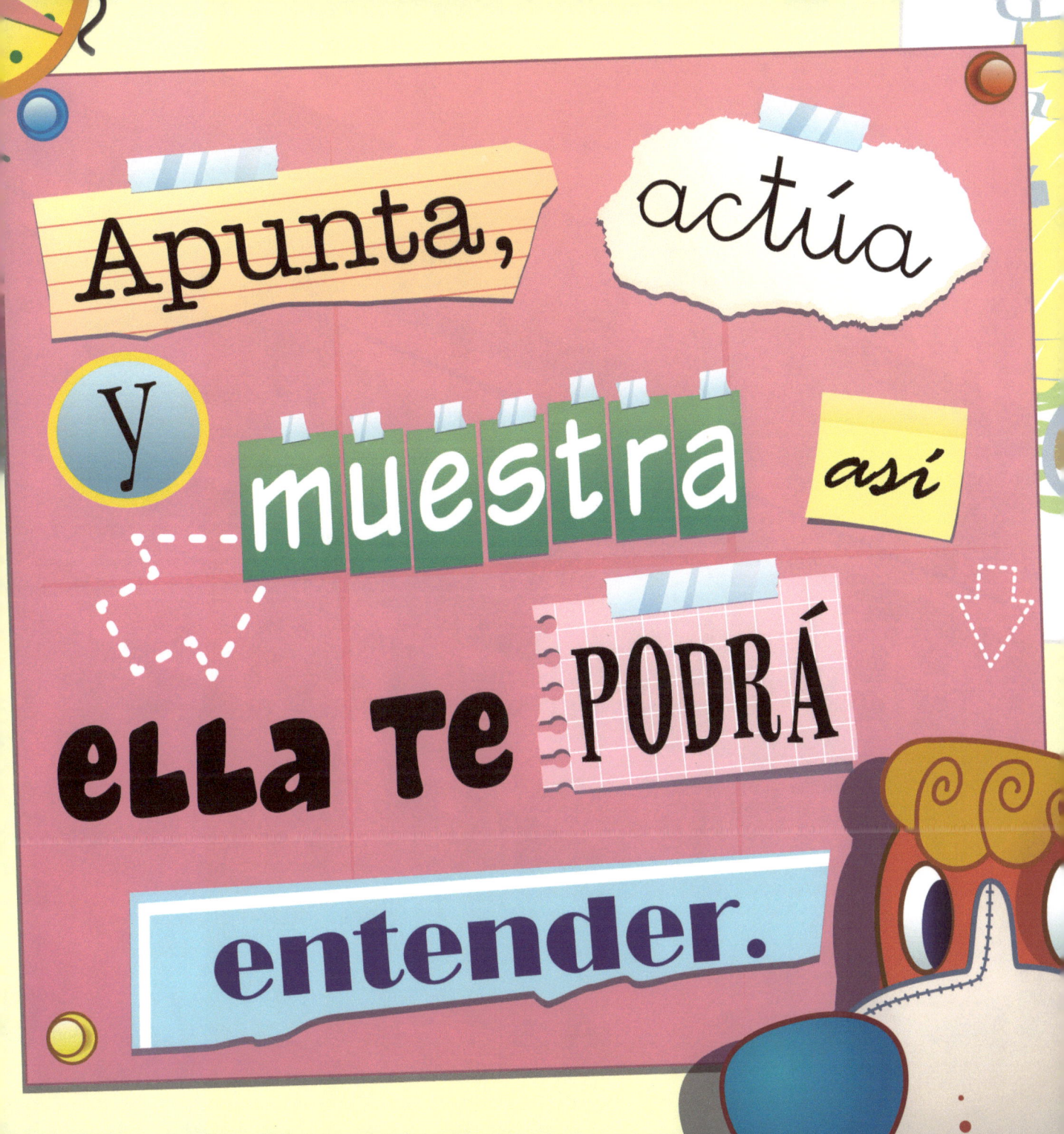

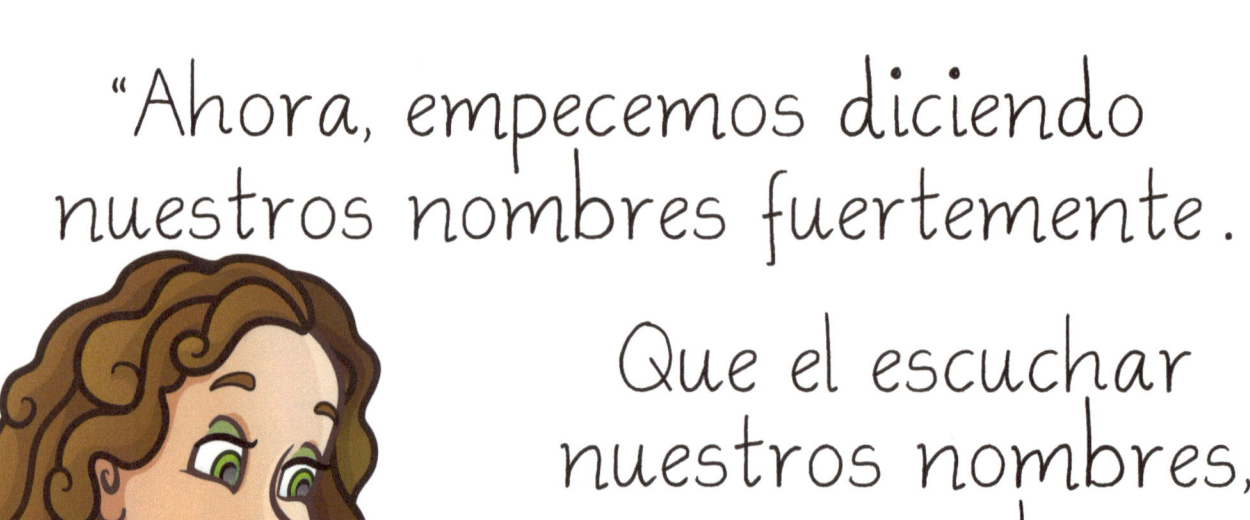

"Ahora, empecemos diciendo nuestros nombres fuertemente. Que el escuchar nuestros nombres, nos complace orgullosamente".

Decir el nombre de tu amiga
es lo mejor que puedes hacer tú,

es mucho mejor que decir
"¡Oye Tú!"

La Niña Nueva parecía tímida y dijo:

"¡Mi nombre… Violeta!"

"A correr... Violeta ... Vamos a CORRER," dijo Teo.

Los tres nuevos amigos corrieron alrededor de la alfombra de flores.

"Compartamos," dijeron los muchachos
y luego esperaron pacientemente.
Violeta vio sus ojos amables
y se les unió felizmente.

Violeta quería jugar un nuevo juego para la pelota rebotar.

Ella les enseñó a sus amigos cómo y ellos lo hicieron de forma similar.

Teo, Wyatt y Violeta,
han aprendido un montón.
¿Fue difícil comunicarse?
¡Para ellos NO!

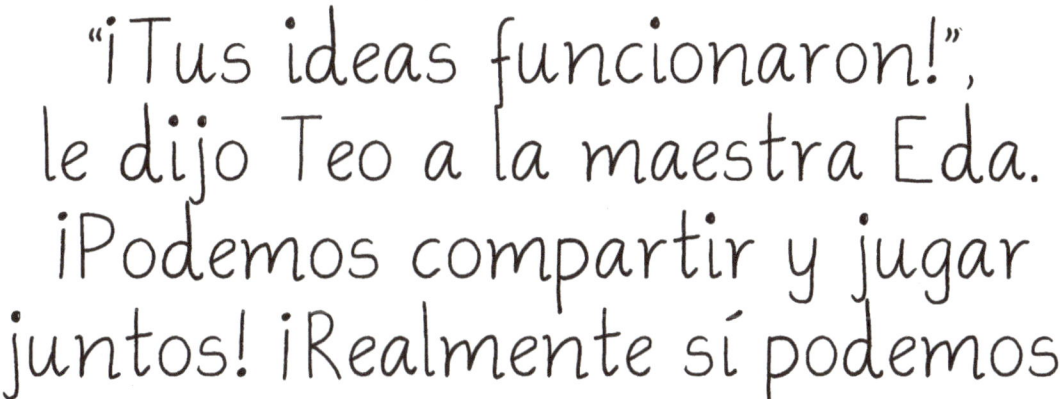

"¡Tus ideas funcionaron!",
le dijo Teo a la maestra Eda.
¡Podemos compartir y jugar
juntos! ¡Realmente sí podemos!

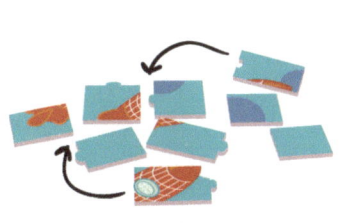

COMPARTIR

Pronto, los tres niños hablaron palabras antigüas y nuevas.

¡Ahora hay tres amigos donde antes sólo habían dos!

AMIGOS

AMOR

Lectura Dialógica
Preguntas para entender conceptos de la historia

1 Decir el _____ de un amigo, es lo mejor que puedes hacer. ¿Qué es lo mejor que puedes hacer? (Llamar a tus amigos por sus nombres).

2 ¿Qué sucedió en la historia cuando la Niña Nueva tomó la 🏐 ? (Ella se fue y jugó sola).

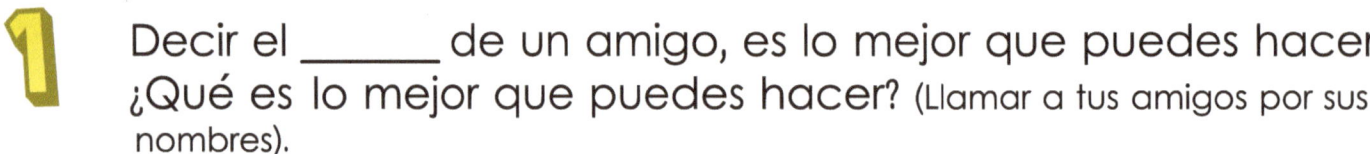

3 ¿Qué sucedió en la historia cuando Wyatt se tomó el tiempo de mostrarle a su nueva amiga el pincel de pintar? (Violeta entendió que él queria compartir con ella y se pudo unir a él para pintar).

4 ¿Cómo se sintieron los niños cuando la niña nueva se llevó la pelota?

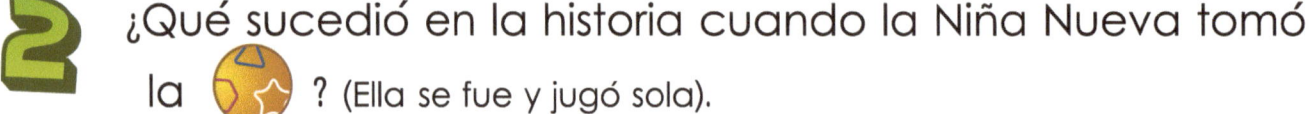

5 ¿Cómo se sintió Violeta cuando no tenía a nadie con quien jugar?

6 ¿Qué hacen  y juntos que les ayuda a ser amigos? (Compartir y jugar juntos).

7 ¿Por qué es importante hablar lenta y claramente con los nuevos amigos? (Cuando hablamos lenta y claramente, ayudamos a las personas que son nuevas en nuestro idioma a que entiendan lo que les decimos).

8 ¿Cómo ayuda cuando apuntamos, actuamos y enseñamos a la amiga nueva lo que queremos que sepa? (usar gestos y demostraciones nos ayuda a comunicarnos con otras personas que no entienden nuestras palabras).

9 ¿Por qué esperar pacientemente ayuda a que nuestra nueva amiga nos entienda? (esperar pacientemente ayuda a los recién llegados a tener tiempo para pensar y entender lo que les estamos diciendo y lo que ellos nos quieren decir, puede que demore más tiempo del que nos tomamos al hablar nuestro propio idioma).

10 ¿Cómo te sientes cuando alguien no te entiende?, ¿Alguna vez te ha ocurrido eso?, ¿Qué hiciste cuando te pasó?

www.ingramcontent.com/pod-product-compliance
Lightning Source LLC
Chambersburg PA
CBHW042141290426
44110CB00002B/81